ESSAI HISTORIQUE

SUR LES RELIQUES ET LE CULTE

DE SAINT SIMÉON.

ESSAI HISTORIQUE

SUR LES RELIQUES ET LE CULTE

DE SAINT SIMÉON,

SEPTIÈME ÉVÊQUE DE METZ ET PATRON SECONDAIRE DE L'ABBAYE DE SENONES,

PAR M. L'ABBÉ L.-F. DEBLAYE,

Curé de Dommartin-lès-Toul et membre de la Société d'Archéologie Lorraine.

NANCY,

DE L'IMPRIMERIE DE A. LEPAGE.

1856.

ESSAI HISTORIQUE

SUR LES RELIQUES ET LE CULTE

DE SAINT SIMÉON,

SEPTIÈME ÉVÊQUE DE METZ ET PATRON SECONDAIRE DE L'ABBAYE DE SENONES,

PAR M. L'ABBÉ L.-F. DEBLAYE.

L'essai historique que j'entreprends sur le culte de saint Siméon, ne tend pas seulement à faire connaître et vénérer ce saint pontife, il a encore un but spécial important : il doit être une démonstration évidente, incontestable de la vérité de ses reliques. Comment la fraude, comment l'erreur, même involontaire, seraient-elles possibles et supposables, lorsque constamment on a veillé sur ces reliques comme sur le trésor le plus précieux ; lorsque chaque siècle nous apporte les témoignages les plus circonstanciés de leur vérité notoire et de la vénération publique qui s'y est toujours attachée ?

La vérité d'une relique est constatée par l'intégrité des sceaux qui s'y trouvent apposés ; mais, lorsque dix siècles consécutifs

viennent encore attester sa fidèle et intègre conservation, cette
vérité acquiert alors le plus haut degré de certitude.

Ce travail, rédigé en suite de la mission qui m'a été confiée
par Mgr de Saint-Dié, étant une pièce probante de l'authenticité des reliques du saint évêque de Metz, et non pas seulement
une étude historique entreprise par curiosité, j'ai dû m'ef-
forcer de lui donner toute la gravité possible, en n'épargnant
aucune recherche et en indiquant scrupuleusement toutes les
sources où j'ai puisé[1].

Saint Siméon était juif d'origine et né en Palestine ; telle

1. La liste suivante prouvera avec quel soin j'ai rempli ma tâche :

1º Libellus de ordine Episcoporum metensium , composé à Metz,
vers l'an 778, par Paul Warnefrid, diacre d'Aquilée, à la prière de
saint Angelram, évêque de Metz.

2º Chronicon monasterii Senoniensis, composé à Senones, vers l'année 1215, par Richerius, religieux de ce monastère.

3º Histoire de l'abbaye de Senones, par D. Calmet, continuée par
D. Fangé. L'exemplaire que j'ai eu entre les mains appartient à la bibliothèque d'Épinal ; c'est un manuscrit in-folio, de 603 pages de
texte ; il est tout entier écrit de la main de D. Fangé. Au bas de la
page 390, on lit : « Cette histoire a été achevée jusqu'ici , le 30 août
» 1729, par le R. P. D. A. Calmet, abbé de Senones. *Soli Deo honor
» et gloria.* »

4º Monastères de Lorraine, manuscrit in-4º renfermant des études
et des documents composés ou recueillis par D. Calmet. Ce manuscrit
fait partie de ma bibliothèque.

5º Histoire de Lorraine, par D. Calmet, 1re édition.

6º Les sainctes Antiquitez de la Vosge, par Jean Ruyr, 2e édit.

7º Histoire de Metz, par des religieux bénédictins (Dom Jean François et Dom Tabouillot).

8º Histoire des Evêques de Metz, par Meurisse.

9º De l'Origine apostolique de l'église de Metz, par M. l'abbé
Chaussier, supérieur du petit séminaire de Metz.

10º Histoire ecclésiastique de la province de Trèves, par M. l'abbé
Clouet, de Verdun.

11º Archives départementales des Vosges ; arch. anciennes, domaine.

est la tradition de l'église de Metz, ainsi formulée dans le Catalogue en vers des évêques de cette ville :

Septimus hebræo est Simeon de sanguine cretus.

Elle n'est contredite par rien de positif, et trouve une justification plausible dans le nom même du saint pontife. Selon les uns, il vécut dans la dernière partie du IIe siècle, ayant occupé le siége de Metz de l'an 154 à l'an 184 ; selon les autres, il a fleuri vers la fin du IVe siècle[1].

Cette dernière opinion a pour auteurs les savants critiques des deux derniers siècles ; elle a été adoptée par tous les historiens et chroniqueurs qui leur ont succédé ; aujourd'hui, elle règne encore, bien qu'elle ait été attaquée avec beaucoup de talent et non sans quelque succès par le supérieur du petit séminaire de Metz, dans l'opuscule ayant pour titre : *De l'origine apostolique de l'église de Metz.*

D'après le sentiment de ce dernier auteur, il est assez vraisemblable que saint Siméon siégeait à Metz lorsque les Barbares, venus de Germanie, se jetèrent sur nos contrées et désolèrent la rive gauche du Rhin. Il est probable que l'opulente cité messine, offrant tant d'appas à leur cupidité, devint l'objet principal et le théâtre de leurs ravages.

De l'aveu de tous, saint Siméon fut le septième évêque de Metz, ou le sixième successeur de saint Clément, l'apôtre des Médiomatriciens. Il mourut le 15 des kalendes de mars, ou le 16 du mois de février, qui est resté à Metz le jour de sa fête : *XV Kalendas martis. Metis depositio sancti Simeonis episcopi et confessoris*[2]. Il fut enterré dans la crypte de

1. Meurisse, pages 34 et 35. — Paul Diacre, Libellus de ord. ep. met. — Clouet, Hist. eccl. de la prov. de Trèves, t. I, p. 68 et suiv.; t. II, dissert. prélim. — Hist. de Metz par les Bénéd., t. I. p. 199 et 218.

2. Martyrol. eccl. met. — Paul Diacre, Catalogus ep. met.

Saint-Clément, en un lieu dit aux *Arènes*, qui fut ensuite appellé le *Champ des Basiliques*, et qui est aujourd'hui le *Sablon*. C'est là que furent inhumés, au nombre d'à peu près vingt, tous les évêques de Metz honorés comme saints[1].

Paul Diacre, le plus ancien historien de l'église de Metz, ne fait qu'énoncer l'épiscopat de notre saint, ainsi que celui de ses prédécesseurs et successeurs immédiats : après Victor II, Siméon fut le septième évêque ; Sambace lui succéda. Il est certain que l'Eglise de Dieu prit accroissement par leurs travaux, quoique leurs actions ne nous soient point spécialement connues : *Deinde alius Victor. Post hœc Simeon septimus. Post quem Sambatus octavus. Quorum omnium studiis certum est crevisse Dei Ecclesiam, quamvis eorum nobis specialiter occulta sint gesta.*

Cette ignorance complète où nous sommes des œuvres accomplies par les premiers successeurs de saint Clément, n'a, du reste, fait naître aucune incertitude sur leur existence, ni

---

1. L'oratoire de Saint-Clément était dédié au prince des apôtres ; il fut remplacé par une basilique dédiée à saint Félix, l'apôtre de la Campanie ; cette basilique fut rebâtie au xiᵉ siècle et dédiée à saint Clément, qui avait bâti le premier oratoire.

Elle s'élevait dans la partie du Sablon qui avoisine la ville, entre la Seille et la Moselle, sur l'emplacement même de l'amphithéâtre, d'où était venu à ce lieu la dénomination de *aux Arènes ;* plus tard il fut appelé *ad Basilicas,* ou le *Champ des Basiliques,* à cause des nombreuses et magnifiques églises qui y furent élevées autour de celle de Saint-Clément. D. Calmet en compte au moins vingt-cinq. Toutes furent rasées, en l'année 1552, par ordre du duc de Guise, et à leur place furent élevées des fortifications dans le but de mettre Metz en état de défense contre l'agression de Charles-Quint. Les corps saints qui n'avaient pas encore été retirés de la crypte, furent transférés solennellement dans l'enceinte de la ville, et déposés plus tard dans une église qui prit le nom de Saint-Clément. (D. Calmet, Hist. de Lor., t. II, col· 1312. — L'abbé Chaussier, p. 19, note.)

même sur l'ordre de leur succession. « Cette série d'évêques ne saurait être attaquée dans son intégrité. Ceux des premiers siècles, sur lesquels la critique aurait pu chercher à soulever des difficultés, sont la plupart honorés comme saints dans l'Eglise. Leur tombeau a été vénéré, et leurs reliques ont été transférées et honorées en divers lieux, jusqu'à la fin du dernier siècle. Aussi, les savants qui combattent l'origine apostolique de notre église, n'ont-ils jamais révoqué en doute l'existence d'aucun de ces évêques[1]. »

L'histoire ne fait plus aucune mention de saint Siméon avant la dernière partie du viiie siècle; mais déjà, à cette époque, il était honoré comme saint, et Richer, en nous racontant la translation de ses reliques dans le monastère de saint Gondelbert, le qualifie de très-illustre par ses miracles et de protecteur très-prompt de tous ceux qui l'invoquaient : *Beatum... Simeonem clarissimum miraculis et adjutorem promptissimum*[2].

Il est probable que saint Siméon fut canonisé, tout aussitôt après sa mort, par la voix unanime et spontanée des peuples, à cause de sa vie sainte et de l'éclat de ses œuvres.

Son corps reposa dans la crypte de Saint-Clément jusqu'en l'année 776, qu'il en fut retiré et transféré dans l'abbaye de Senones.

Angelram, qui occupait alors le siége épiscopal de Metz, ayant voulu substituer le protectorat des évêques messins sur l'abbaye de Senones à celui des rois, qui jusqu'alors en avaient été les seigneurs voués, se fit pourvoir de cette abbaye par Charlemagne, et « constitua pour protecteur infaillible de l'église de Senones le B. S. Siméon, vray ami de Dieu, très-

---

1. L'abbé Chaussier, p. 18.
2. Richer, lib. II, cap. 2.

célèbre par ses miracles, et auquel on trouvoit secours propice en cas de nécessité[1]. »

Le don que faisait Angelram à ses religieux était, surtout à cette époque, une faveur toute singulière ; c'était à bon droit qu'il espérait par ce moyen apaiser le mécontentement qu'ils témoignaient de voir le protectorat épiscopal substitué à la vouerie royale, et gagner leur bienveillance. Mais « les moynes, se figurant que ce corps mort donneroit quelque droict de protection aux évesques de Metz, de laquelle ils ne vouloient point ouïr parler, refusèrent d'abord cette précieuse relique[2]. » Angelram, « sans se passionner, supportant paisiblement leur improbité, ne les pressa pas davantage et advisa de construire un oratoire au pendant d'une colline, sise au plus près du monastère, vers le midy, où il logea cet incomparable trésor[3]. » « Dieu, qui est admirable en ses saints, et qui sçait faire honorer en terre les corps de ceux dont les âmes sont au ciel, fit aussitôt retentir par toute la contrée les tonnerres esclatans d'une infinité de miracles, qu'il voulut opérer à l'attouchement de ces os sacrés, comme il faisoit autrefois à l'attouchement de ceux d'Elisée[4]. »

Richer ne raconte aucun de ces miracles avec détail, et se contente de les énoncer en termes généraux, mais qui nous donnent à penser qu'il connaissait spécialement plusieurs des faits merveilleux opérés par l'intercession de saint Siméon. « Nous avons, dit-il, entendu raconter qu'à ses prières les noyés ont été rendus à la vie ; que les lampes allumées devant son tombeau, venant à tomber subitement, restaient de-

---

1. Ruyr, p. 218. — Richer, lib. II.
2. Meurisse, p. 34.
3. Jean Ruyr, p. 219.
4. Meurisse, p. 35.

bout sur leur pointe aiguë sans être endommagées et sans
verser l'huile dont elles étaient pleines. Il guérit les fièvres
brûlantes ; il fait succéder un temps serein aux pluies exces-
sives ; remplace les ardeurs de l'été par un temps doux et propice, et apaise les tempêtes menaçantes[1]. » Nous voyons par
ce texte de Richer que, déjà à cette époque, saint Siméon
était invoqué, surtout dans les nécessités publiques, pour de-
mander à Dieu un temps favorable selon les exigences des
cas. Plus tard, en de pareilles circonstances, on exposait la
châsse et on faisait des prières publiques solennelles[2].

Pendant que ces saintes reliques remplissaient de miracles
le petit sanctuaire où elles étaient déposées, car personne ne
venait y prier en vain, Angelram, accablé sous le double far-
deau de l'épiscopat et de l'archichancellerie royale, que Charlemagne lui avait conférée, songea à se démettre de l'abbaye
de Senones. Peut-être l'obstination des religieux à repousser
le bien qu'il voulait leur faire, entra-t-elle aussi pour quelque
chose dans cette détermination.

L'évêque de Metz choisit pour occuper la charge abbatiale
à Senones, un religieux de Gorze, appellé Norgandus, sans
doute le même qui avait présidé à son éducation dans ce monastère. Quant à la vouerie ou protection temporelle, il la
donna à un seigneur voisin de l'abbaye, en lui assignant cer-
tains droits pour honoraires. Il ne se réserva, pour lui et ses

1. Suffocatus namque æquis precibus suis ad vitam audivimus fuisse
revocatus ; lampades antè ejus corpus dependentes, funibus ruptis, super pavimentum lapsas per se super acutam cuspidem plenas oleo mi-
rabiliter stantes reservasse. Ardores febrium pellit ; inundationes pluvia-
rum serenitate commutat ; calores nocivos æstivos statim invocatus
temperat ; horribiles tempestatum comminationes requisitus depellit.
(Rich., lib. 2, cap. 2.)

2. D. Calmet., Hist. de Senones, p. 19 et suiv.

successeurs, que la souveraineté ou le droit d'investiture, auquel les abbés de Senones se soumirent pendant plusieurs siècles.

Les religieux, témoins des miracles opérés par la vertu des reliques de saint Siméon, manifestèrent le regret de la résistance qu'ils avaient opposée aux prétentions d'Angelram, et le désir de rendre à ces précieuses reliques, dans leur abbaye, l'honneur et le culte qui leur sont dus. Tout fut donc préparé pour leur translation solennelle de l'oratoire bâti par Angelram dans l'église principale du monastère, dédiée aux saints apôtres Pierre et Paul. Cette translation se fit avec beaucoup de dévotion et au milieu d'un grand concours de peuple, le huitième jour avant la fête de tous les Saints, ou le 24 octobre, jour auquel l'anniversaire n'a cessé d'en être célébré. Depuis le rétablissement du culte après la Révolution française, cette solennité a été transférée à un des derniers dimanches d'octobre, et, ce jour, on fait une procession solennelle avec la châsse des reliques de saint Siméon.

N'ayant pu consulter les anciennes liturgies de l'abbaye de Senones, je ne rapporterai rien des rites qui étaient observés en ce jour solennel ; je mentionnerai seulement, avec Richer, un usage qui existait déjà de son temps et qui subsista quelques siècles encore après lui. Il consistait en ce que tous les curés qui possédaient des cures dépendantes[1] du monastère,

---

1. Pendant le siècle dernier, quatre paroisses et autant d'annexes dépendaient de l'abbaye de Senones, à savoir : Saint-Maurice-lès-Senones et la Petite-Raon, son annexe. — Saint-Jean-du-Mont et Saint-Stael, son annexe. — Saint-Arnou-de-Plaine et Saint-Michel de Sauxures, son annexe. — Sainte-Libaire de Vipucelle ou de la Broque, et Grandfontaine, son annexe.

A partir de 1660, il faut ajouter à la liste de ces églises : Celles et Luvigny, et en remontant quelques siècles plus haut, Nossoncourt,

étaient obligés d'y apporter, ce jour-là, une certaine quantité de poissons pour le service de la table, en l'honneur de la solennité[1]. « Et n'y oseroient faillir, car j'en ay veu aucun (pour le défaut de s'en être acquittés) en être punis par l'abbé nommé Henry et en avoir été contraints faire pénitence. J'en ay aussy veu apporter à un jour de la dite feste si grand nombre que l'on estimoit y en avoir pour plus de dix livres tournois[2]. »

L'oratoire de Saint-Siméon, quoique désormais privé des reliques de cet évêque, continua à être considéré avec respect et même d'être un lieu de dévotion pour toute la contrée. Sous l'abbé Henry, qui gouverna l'abbaye de 1205 à 1225, la troisième messe de la communauté y était célébrée, mais la communauté non présente. « Etant mort l'abbé Henry, lui succéda Wideric, homme d'honneste prestance, illustre, de bonnes mœurs et extrait de la parantéle des chevaliers de Saulvage...., qui constitua les choses aucunement plus propres.... et voulut que la messe journale, avec tierce précédente, se chantât comme de premier à saint Syméon » et par toute la communauté présente. La seconde se chantait à l'église Saint-Pierre, et la troisième à la Rotonde, mais la communauté non présente .

La procession solennelle du troisième jour des Rogations se faisait aussi chaque année à la chapelle Saint-Siméon, et

Rambervillers, Deneuvre, Moyen, Haussonville, Anthelupt, Saint-Epvre, Domptail, Saint-Clément, Brouville, Vacqueville, Couvay et Magnéville. (D. Calmet., Not. de Lorr., t. II. — Id., Mon. de Lorr., p. 142. — Benoît Picart, Pouillé, t. I, p. 249.

1. D. Calmet., Hist. de Sen., p. 22.

2. Chronique de Richer, édit. Cayon, p. 45.

3. Chronique de Richer, p. 148. — D. Calmet, Hist. de Senones, p. 95.

on y célébrait la messe paroissiale le 24 octobre, fête de la translation des saintes reliques.

Je n'ai découvert nulle part que cet oratoire ait subi quelque reconstruction ou réparation considérable, jusqu'à ce qu'il fut rebâti tout à neuf en 1756, et d'une manière beaucoup plus solide et plus élégante qu'auparavant, par Dom Calmet, qui y dépensa une somme de 3,000 livres[1]. Il est probable que la construction première était d'une très-grande simplicité, ainsi qu'il est ordinaire à tout édifice élevé à la hâte ; mais elle fut protégée pendant des siècles par son humilité même et par la consécration que lui avait imprimée le dépôt momentané des précieuses reliques de saint Siméon[2].

L'histoire ne nous dit point ce qu'était la châsse dans laquelle le corps saint se trouvait enfermé au moment de la translation ; mais, au commencement du xiiie siècle, Richer mentionne une châsse d'argent dont il ne nous indique pas l'origine. Elle était d'assez grandes dimensions, « historiée de personnages et entaillée de vers latins faits à la mode du temps[3]. »

---

1. D. Calmet, Hist. de Sen., p. 439. — Id., Notice de Lorr., t. II, p. 481.

2. La chapelle bâtie par D. Calmet n'a point survécu à la dispersion des religieux de Senones et à la chute de l'abbaye. Le 14 floréal an II (4 mai 1794) elle fut mise en vente et adjugée, pour la somme de 255 livres, au sieur François-Augustin Grélot, greffier de l'administration forestière du district de Senones ; elle fut démolie de fond en comble, en même temps que l'église abbatiale, par le sieur Mazeran, maire de la ville. Celui-ci, qui était peut-être le véritable acquéreur, resta propriétaire de tout le mamelon sur lequel la chapelle était construite. C'était une ferme du monastère ; c'est aujourd'hui une délicieuse maison de campagne appartenant à M. Guillermet, ancien contrôleur des contributions indirectes.

3. Ruyr, p. 220.

Cette phrase du légendaire charmésien n'avait point satis-
fait ma curiosité, et je désirais une description plus ample de
cette châsse. Elle se trouve dans l'Histoire de Senones (p. 21),
peut-être incomplète, ou même inexacte dans la citation des
vers qui accompagnaient les bas-reliefs , mais néanmoins suf-
fisante pour nous faire comprendre la valeur de ce meublè
comme objet d'art, et nous en faire découvrir l'époque, si
nous savons nous aider de quelques inductions.

Les deux faces principales étaient divisées en cinq panneaux
et chacun d'eux était « historié d'une image. » Sur un pan-
neau central était représenté Notre-Seigneur Jésus-Christ sur
la croix, et de part et d'autre saint Pierre et saint Paul, saint
André et saint Jacques ; sur l'autre, était la Sainte Vierge tenant son divin Fils, *cum prole pia Mariam ;* de part et d'autre les quatre évangélistes.

Chacun des deux côtés, ainsi « historié de personnages, »
était « entaillé » de trois vers hexamètres destinés à expliquer
le sens de la scène qu'ils accompagnaient. Dans les trois premiers, Jésus-Christ annonce que, par sa mort, il a vaincu une
autre mort, et qu'il faut le suivre dans la vie et dans le trépas.
Les trois suivants nous montrent la Vierge-Mère et les quatre
évangélistes qui servent le Fils en vénérant la Mère. La difficulté qu'on éprouve à saisir plusieurs de ces vers, porterait à
douter s'ils ont été fidèlement transcrits ; serait-ce cette cause
qui aurait empêché Dom Calmet d'essayer de les traduire ?

Saint Siméon était représenté sur une des extrémités, et
accompagné d'une légende composée de cinq vers. Le premier
nous affirme la présence de corps du saint évêque dans cette
châsse ; le second, son origine hébraïque ; le troisième, l'ordre
de son épiscopat à Metz, et les deux derniers, les heureux effets

de son culte[1]. Nous ignorons si un autre sujet, accompagné de vers, illustrait de même la quatrième face de cette châsse.

Cette dernière était un parallélograme peu allongé, non point construite en argent massif, mais seulement ornée de lames d'argent relevées en bosse et appliquées sur le bois. Telle était aussi la châsse d'argent de 1684 ; telles ont été plusieurs autres châsses construites pendant les derniers siècles, et dont j'ai constaté l'existence dans le diocèse de Saint-Dié, comme, par exemple, à Poussay, à Neufchâteau et à Saint-Elophe.

Si quelque doute pouvait exister sur l'époque à laquelle remonte la châsse de saint Siméon, l'antique châsse de saint Hydulphe à Moyenmoutier, décrite par les chroniqueurs de cette abbaye, et qui a subsisté jusqu'à la Révolution, suffirait pour établir la vérité de nos inductions. Elle était aussi composée de lames d'argent, historiées de personnages et appliquées sur chacune de ses faces, ou de quatre bas-reliefs représentant : 1° le baptême de sainte Odile par saint Hydulphe et saint Erard ; 2° la dédicace d'une église par les deux mêmes saints : 3° les funérailles de saint Dié et 4° la donation du roi Childéric à saint Hydulphe. En 1619, il fallut réparer

---

1. Voici les onze vers latins des trois côtés de la châsse :

1° Ardua regna poli, mare, tellus et infima mundi,
   In cruce morte mea damnatus mors aliena,
   Ut pede semper eum nece, vita, morte sequantur.

2° Hæc cum prole pia designat imago Mariam ;
   Hi famuli Christi qui Christo sic famulantur,
   Te, cum prole pia, piè venerantur, Virgo Maria.

3° Pausat hac in archa Simeon, noster patriarcha.
   Si relegas vitam, genus probat hunc Israëlitam.
   Mettis septenam præsul moderavit habenam.
   Lætificat mœstas montes spectata majestas,
   Consecrat, et polus nostros cùm suscipit artus.

cette châsse, c'est-à-dire refaire à neuf le coffre de bois sur lequel les bas-reliefs étaient appliqués. Les mesures furent mal prises et on eut la maladresse, pour ne point perdre un travail facile à recommencer, de rogner les plaques d'argent[1]. Or cette châsse, dont Richer constate l'existence dans les premières années du XIIIe siècle. (Rich. lib. I cap. 15), est jugée, par D. Mabillon[2], ne pouvoir être postérieure au XIIe siècle, et ne peut être autre que la châsse construite, en 1159, par l'abbé Milon, 28e abbé de Moyenmoutier, ainsi que nous l'apprend Jean de Bayon, le chroniqueur de ce monastère[3].

La châsse de Senones et la châsse de Moyenmoutier étaient de la même date; la construction de l'une avait amené la construction de l'autre, lui avait servi de modèle; peut-être même furent-elles l'œuvre d'un même artiste. Ces monastères, tous deux fils de Saint-Benoît, voisins de position, rivaux pour leur antiquité, leurs richesses et leur splendeur, ne pouvaient conserver avec une moindre gloire les restes précieux, l'un du saint évêque de Metz, son patron, et l'autre, de saint Hydulphe, archevêque de Trèves, son fondateur.

Je me suis étendu un peu longuement sur la description de cette châsse, parce qu'à cette époque reculée, une œuvre pareille était de grande magnificence, et atteste bien haut la foi de tous en la vérité des reliques de notre saint. Je l'ai fait encore pour montrer qu'on se tromperait en prenant entièrement à la lettre quelques expressions qui se rencontrent fréquemment chez nos vieux chroniqueurs, telles que châsse d'argent, *capsa argentea*.

---

1. Historia Med. Monast. à R. P. H. Belhomme, in-4°, pag. 48 et 423.

2. Ann. Bened. t. I, lib. 16, n° 15. — Tom. II, lib. 29. — T. III, lib. 33, n° 74.

3. Ch. XCV. — D. H. Belhomme, Historia Med. Monast. p. 283.

Il est bien vrai que nulle part on ne rencontre le nom de l'auteur de cette châsse, que nulle part on ne découvre une date qui y suppléerait ; cependant je hasarderai une supposition, non pas avec la prétention d'élever cette supposition à la hauteur d'une affirmation historique, mais avec un espoir fondé d'avoir rencontré juste.

Parmi les abbés de Senones que tous les historiens de ce monastère ont vantés pour leur zèle à enrichir l'église abbatiale de vases sacrés et d'ornements précieux de tous genres, brille en première ligne l'abbé Antoine de Pavie, qui était contemporain de Milon, abbé de Moyenmoutier, l'auteur de la châsse d'argent mentionnée par Jean de Bayon ; car Antoine occupa le siége abbatial de 1098 à 1136, tandis que Milon gouverna de 1115 à 1147. Après avoir rebâti tout à neuf le monastère et l'église principale sur des plans beaucoup plus magnifiques que toutes les constructions antérieures, il invita Etienne, évêque de Metz, à venir faire la consécration de l'église. Elle se fit le 21 juin 1124, et l'autel principal fut dédié aux saints apôtres Pierre et Paul. Le lendemain, l'évêque consacra cinq autres autels : le premier en l'honneur de saint Etienne, le second en l'honneur de saint André, le troisième sous l'invocation de saint Siméon, le quatrième en l'honneur de saint Jean-Baptiste et le cinquième sous l'invocation de la Sainte-Croix.

Saint Siméon n'a jamais eu d'autre sanctuaire à Senones que l'oratoire de l'évêque Angelram, et jusqu'à l'abbé Antoine, nous ne voyons pas qu'un autel ait été dédié sous son invocation dans l'enceinte de l'abbaye. Antoine de Pavie, en rendant cet honneur au saint pontife, témoignait donc de sa piété spéciale envers lui. D. Calmet termine la narration des œuvres de cet abbé en nous disant qu'il enrichit la sacristie d'un grand nombre d'ornements, de plusieurs reliquaires et vases sacrés précieux[1]. Sans doute ce texte n'est point assez précis ; cependant, comme Senones n'a jamais possédé que peu de reliques, et jamais de reliques plus insignes que celles de saint Siméon, ne nous autorise-t-il pas à attribuer, comme je l'ai fait, la châsse d'argent qui existait du temps de Richer à l'abbé Antoine de Pavie[2] ?

Peut-être ce dernier est-il aussi l'auteur d'un autre reliquaire en argent dans lequel le chef de saint Siméon fut longtemps conservé. Ruyr le mentionne comme existant encore de

---

1. D. Calmet, Hist. de Lorr., t. I, col. 1168.

2. Le gouvernement d'Antoine de Pavie fut assez important pour qu'il me soit permis de lui consacrer quelques lignes. Antoine de Pavie avait été religieux de Saint-Arnould de Metz, puis prieur de Lay-Saint-Christophe, avant d'être abbé de Senones. A Lay, il rebâtit tout à neuf le prieuré et l'église, et les fit l'un et l'autre plus solides, plus vastes et plus magnifiques que les constructions précédentes. L'église, qui a subsisté jusqu'à la Révolution, fut consacrée par Pibon, évêque de Toul, le 18 octobre 1092, et on y rapporta en solennité le corps de saint Cloud, qui repose encore aujourd'hui dans l'église paroissiale. Les biens du prieuré avaient été négligés, envahis par des étrangers, et suffisaient à peine à l'entretien de deux ou trois religieux ; Antoine les recouvra au point de pouvoir suffire à l'entretien de dix ou douze moines. A Senones, il reconstruisit l'abbaye, qui était fort délabrée ; on lui attribue même la magnifique église intérieure, dite *la Rotonde*, qui fut démolie, en 1709, par D. Pierre Alliot. Il enrichit son monastère des prieurés de Deneuvre, de Léomont, de Xures près La Garde, de Saint-Christophe de Vic et de Lorquin, en sorte qu'il ne se passa pas une année, pendant les trente-huit ans de son gouvernement, qu'il ne bâtit quelque chose, ou qu'il ne fit quelqu'acquisition au profit de son monastère. Il mourut en 1136, et fut inhumé dans l'église des saints apôtres Pierre et Paul, devant l'autel Sainte-Croix ; on lui éleva un tombeau de pierre supporté par de petites colonnes. Le chroniqueur Richer, qui était aussi sculpteur, fit de ses mains son image, qui était d'un abbé tenant à la main le bâton pastoral, et couché. (Richer, lib. II, cap. CXXI. — D. Calmet, Hist. de Lorr., t. I, col. 1167. — Id., Histoire de Senones. — Monast. de Lorr.)

son temps, mais sans nous indiquer son origine. D. Calmet nous apprend qu'il avait été détruit avant son gouvernement, mais sans nous dire à quelle époque, ni dans quelle circonstance.

La riche châsse d'Antoine de Pavie, fut détruite dans un moment d'extrême détresse, et l'argent dont elle était ornée employé aux besoins pressants du monastère[1]. Elle fut remplacée par une châsse de bois, qui existait encore à l'époque de D. Calmet. L'abbé Jean de Borville y était représenté à genoux devant saint Siméon, et à côté de ce dernier était saint Gondelbert en habits pontificaux, la tête ceinte d'une gloire. Au-dessous de ces personnages, on lisait cette invocation :

Sancte Simeon, Christi care, pro me deprecare.

Il est donc probable que cette châsse fut construite par Jean de Borville, 37e abbé de Senones, lequel mourut le 5 octobre 1506, et que la châsse d'argent avait été détruite un peu auparavant. Au temps de D. Calmet, la châsse de Jean de Borville ayant été remplacée, comme je le dirai tout à l'heure, et étant sans usage à Senones, avait été transportée au prieuré de Mervaville et s'y conservait sous le maître-autel ; c'est là que le savant chroniqueur en fit « retirer le portrait » de Jean de Borville[2].

Jean de Borville fit encore exécuter un reliquaire en argent en forme de bras, dans lequel il plaça un os du bras de saint Siméon. Ce reliquaire a subsisté jusqu'à la Révolution, et nous le retrouverons dans les procès-verbaux et inventaires de la grande spoliation accomplie à Senones le 1er août 1793.

En l'année 1668, D. Joachim Vivin fut élu abbé de Senones.

1. Hist. de Senones.
2. Hist. de Sen., p. 11 et p. 204.

Depuis l'an 1600, les choses étaient allé de mal en pis dans cette abbaye, pendant les persécutions injustement suscitées à l'abbé Lignarius, et sous le gouvernement de quatre abbés commendataires dont les économes avides ne cherchaient qu'à s'enrichir. Aussi, en 1668, le délabrement y était extrême, et la pauvreté si grande que les revenus suffisaient à peine à entretenir cinq religieux pour le service de l'abbaye et la desserte des cures qui en dépendaient. D. Joachim Vivin s'apliqua avec un succès égal à son zèle à réparer tant de maux et à donner une nouvelle face à toutes choses, en commençant par l'église de Dieu[1]. « Il avait toujours eu une dévotion par-
» ticulière pour saint Siméon ; voyant que ses reliques repo-
» saient depuis longtemps dans une châsse de bois doré et ar-
» genté, il prit la résolution d'en faire une autre d'argent,
» plus belle et plus magnifique. Il la fit commencer au mois
» de mai 1684, par Mᶜ François Hennequin, orfèvre à Nancy.
» On y employa 66 marcs d'argent, à 96 francs barrois le
» marc ; mais il n'eut pas la satisfaction de la voir achevée,
» car il tomba malade au commencement de juillet et mourut
» le 24 octobre 1684, plein de mérites et regretté de tout le
» monde, mais particulièrement de ses religieux[2]. » Il fut en-
terré au milieu du chœur, à côté de D. Claude de Raville ; son épitaphe mentionnait en ces termes la châsse d'argent qu'il avait fait faire : *Divo Simeoni quâ ejus reliquiæ reconde-*
» *rentur arcam argenteam consecravit*[3]. »

Je n'ai vu nulle part la description de cette châsse, la plus riche sans doute de toutes celles qui ont renfermé les reliques du saint évêque de Metz. D. Calmet, qui a décrit tant de monuments avec un soin très-minutieux, ne nous dit mot de

1. Monast. de Lorr., p. 186.
2. Hist. de Senones, p. 332. — 3. Ibid.

celui-ci. Il était éloigné de penser que les édifices sacrés les plus précieux et les plus durables, élevés et construits par lui et par ses successeurs, ne subsisteraient bientôt plus.

Je n'ai plus rien découvert, en fait de châsses ou reliquaires, concernant les reliques de saint Siméon, qui soit postérieur à la châsse de D. Joachim Vivin. Il me reste donc seulement à parler des distractions qui ont pu être faites dans les ossements contenus en cette châsse et des chances dangereuses auxquelles ceux-ci ont été exposés par les persécutions des princes de Salm et les incursions des gens de guerre.

L'Eglise s'étant relâchée de sa règle première, qui était de ne pas toucher aux corps des saints, pas même dans le seul but de les déplacer, suivit dans toutes ses conséquences le principe nouveau qu'elle avait adopté. Dans le commencement, les églises riches en reliques donnèrent à d'autres des corps saints entiers, ou au moins leurs grands et principaux ossements. Plus tard, ces ossements furent disséminés un à un; enfin, on en vint jusqu'à les morceler et à les céder par parcelles. Ce moyen fut nécessaire pour contenter la piété qui, de toutes parts, réclamait des reliques insignes et renommées. Contenu dans de certaines mesures, cet usage est louable et favorise le bien; mais l'abus est à côté de la règle sage. Combien de reliques perdues par cette trop grande diffusion! Les reliques trop répandues, trop facilement possédées et visitées, n'ont-elles pas diminué la foi et la piété aux saintes reliques?

L'état actuel de conservation des ossements de saint Siméon ne nous permettant pas de penser que les os qui manquent au squelette ont péri par la dissolution de leurs parties, et un grand nombre se trouvant manquer ou en totalité ou en partie, ainsi qu'il est facile de le constater par le procès-verbal-inventaire de M. Jacquot, docteur en médecine à Senones, en date des 21 octobre 1853 et 29 juin 1854, il faut en conclure que la plupart de ces ossements ont été, à diverses époques, distraits de la châsse de Senones; mais par qui et au bénéfice de qui ces distractions ont-elles été faites? aucun historien n'en parle; peut-être les archives du monastère en avaient-elles conservé quelque mention; malheureusement elles ont été détruites en totalité. Il est probable que plusieurs églises et prieurés dépendants de l'abbaye reçurent des reliques de saint Siméon, et qu'il s'en retrouverait encore si l'on faisait à ce sujet des recherches minutieuses. Quant à celles qui, dans le cours des siècles, ont été données à des particuliers, religieux, abbés et personnages de distinction, il est présumable qu'elles ont péri sans retour.

Jusqu'alors un seul des ossements distraits de la châsse de Senones a été retrouvé; c'est la deuxième vertèbre cervicale, dite *axis*. Elle fut donnée, le 21 avril de l'année 1656, à l'abbaye de Moyenmoutier, où elle a été fidèlement conservée jusqu'à ce jour avec deux petits authentiques sur parchemin, l'un attestant son extraction de la châsse du saint pontife et l'autre sa réception à Moyenmoutier[1].

Il faut remercier la Providence divine qui nous a conservé cette relique et nous l'a fait découvrir; car, sans elle, les vrais ossements de saint Siméon n'auraient pu être distingués, par une preuve irréfragable, d'autres ossements d'origine inconnue avec lesquels ils étaient conservés pêle-mêle dans la même châsse, ainsi que je l'exposerai en son lieu.

---

1. 1º Hæc insignis particula ossium S. Simeonis, episcopi metensis, patroni cœnobii Senonensis, desumpta est ex theca in qua illius reliquiæ recunduntur, 21º aprilis 1656. — Bartholomœus Clodon, prior Senonensis; D. Sebastianus Crythrano, sub-prior Senonensis.

2º Reliquiæ S. Simeonis, episcopi metensis, patroni cœnobii Senonensis, datæ huic monasterio, 21º aprilis 1656. — Domnus Nupertus Caillier, prior Mediani Monasterii; D. Philibertus Galavaux, sub-prior.

Souvent l'abbaye de Senones fut en butte aux incursions des gens de guerre et aux persécutions des princes de Salm, ses seigneurs voués. La paisible conservation des reliques de saint Siméon se trouvait alors exposée à des hasards et à des dangers de tous genres. Quelquefois les religieux de Senones, dénués de tout espoir du côté des puissants de la terre, suppliaient Dieu et saint Siméon, son serviteur, de se lever et de prendre en main la défense d'une cause sainte, qui leur paraissait être celle du ciel plus encore que celle de la terre. D'autres fois, ils abandonnaient leur monastère, après avoir caché ou en emportant ce qu'ils avaient de plus précieux. Nous n'avons que des détails fort incomplets sur toutes les précautions prises, en de telles circonstances, à l'égard des saintes reliques.

Vidric, troisième abbé, qui gouvernait déjà en 1224 et mourut le 5 septembre 1239, eut particulièrement à souffrir des entreprises de Henry de Salm, III⁰ du nom. Il le cita devant les évêques de Metz et de Toul; on contesta longtemps sans rien conclure; enfin, Vidric crut que le moyen le plus efficace pour émouvoir le zèle des évêques, était de faire sortir de Senones tous les religieux de la communauté jusqu'à ce que justice lui fût rendue. Il les mena donc pour la plus grande partie dans la ville de Rambervillers, et envoya les autres au prieuré de Léomont près de Lunéville. Les reliques de saint Siméon ne pouvant demeurer seules dans un monastère abandonné, il les fit extraire de la châsse d'argent et transporter au prieuré de Léomont: *Inito etiam concilio, corpus B. Simeonis de capsâ argenteâ extrahentes, ad ipsam cellam (Leonis montis) deportaverunt*[1]. Enfin, Henry de Salm rendit justice à l'abbé, et conclut avec lui une sorte de traité[2].

1. Richer, lib. III, cap. 23.
2. D. Calmet, Hist. de Lorr., t. II, col. 139 et suiv.; pr. xxxvii.

Henry de Salm, IVe du nom, se rendit coupable de violences plus grandes encore contre l'église de Senones : il avait lassé la patience de l'abbé en l'attirant tantôt devant l'évêque, tantôt devant les juridictions laïques, dans l'espérance de finir leur difficulté par un accommodement. Enfin, l'abbé ne voyant point d'autre remède, suivit le conseil de Gilles de Sorcy, évêque de Toul, et de quelques autres personnages : c'était d'en référer solennellement à Dieu et d'exciter l'indignation parmi le peuple au moyen d'une cérémonie lugubre. Des épines ayant été disposées au milieu de la grande église, les images de Notre-Seigneur furent placées dessus, ainsi que la châsse de saint Siméon, patron de l'abbaye , et, pendant ce temps, les religieux chantaient au milieu des larmes et des gémissements du peuple : « Nous avons attendu la paix, et elle » n'est pas venue ; nous espérions des biens, et voici les tribu- » lations. Seigneur, nous reconnaissons nos péchés ; Dieu d'Is- » raël, ne soyez pas toujours irrité contre nous. » Cette cérémonie, continuée pendant un temps assez long chaque dimanche et fête, était suivie de la proclamation que le diacre faisait à l'*Agnus Dei* de la messe solennelle, de l'excommunication encourue par le comte de Salm et ses fauteurs.

Cependant Gilles de Sorcy chargea Alexandre, abbé de Moyenmoutier, d'aller dénoncer l'excommunication à la personne du comte. L'évêque de Metz fit publier la même sentence dans son diocèse ; l'archevêque de Trèves ne voulut point toucher à ce qu'avaient fait ses deux suffragants. Tant de fermeté déconcerta enfin le coupable, qui demanda l'absolution, mais ne l'obtint qu'en donnant une satisfaction convenable. L'office divin, qui avait cessé dans l'abbaye à la septuagésime de l'année 1261, fut seulement rétabli la vigile de Noël. Le siége abbatial était alors occupé par Baudoin Ier, qui avait succédé à Vidric, et mourut le 27 avril 1270, après un gouvernement de trente-un ans, Richer florissait alors à Senones, et fut témoin des faits qu'il raconte. Pendant que tous avaient abandonné le monastère, il y était resté seul avec un religieux, nommé Bertrand, qu'y retenait une maladie grave, et un frère nommé Hugues, qui veillait à la conservation des biens meubles du monastère[1].

Pendant la dévastation de la Lorraine sous le duc Charles IV, l'abbaye de Senones, déjà si éprouvée sous l'abbé Lignarius et par l'administration désastreuse des abbés commendataires, fut réduite aux dernières extrémités. Mais aucune misère n'empêcha de veiller au salut des saintes reliques. Nous ne connaissons pas toutes les précautions prises dans ce but, pendant cette époque ; je n'ai pu recueillir qu'une seule indication empruntée à des procès-verbaux de visite, lesquels probablement n'existent plus. « En 1635, les reliques, les livres et » une partie de l'argenterie avaient été transportés dans des » lieux fortifiés, à cause de la guerre et des courses des soldats. » En 1635, « le saint sacrement se conservait à Senones dans un ciboire de cuivre. » L'argenterie et les reliques restaient donc gardées et cachées derrière les remparts d'une ville voisine. En 1646, « l'argenterie était encore réfugiée. » Nous devons penser que les reliques ne furent rapportées dans l'abbaye qu'avec les autres objets précieux. » Rien ne nous indique quelle ville servit de refuge à tous les trésors de l'abbaye de Senones[2].

Nous avons vu comment D. Joachim Vivin réussit à réparer tous ces désastres et à faire entrer le monastère dans une ère de prospérité qui paraissait ne devoir finir jamais sous l'administration de D. Pierre Alliot, D. Mathieu Petitdidier,

1. Richer, lib. V., C. VII. — Hist. de Senones, p. 120.
2. Monast. de Lorr., p. 194 et 195.

D. Augustin Calmet, et D. Fangé. Mais, à la mort de ce dernier, l'horizon religieux commençait à s'assombrir, et son successeur, D. Jean Lombard avait été élu sous de tristes auspices. Rien cependant ne donnait à penser que la tempête fût si proche. Son œuvre de destruction était accomplie par toute la France, que le monastère de Senones était encore debout. Sera-t-il sauvé par la puissance de Salm qui, si longtemps, lui a été funeste ? Mais la France révolutionnaire avait convoité la principauté de Salm, et rien ne devait s'opposer à ce qu'elle réalisât ce désir. Constantin de Salm ne pouvait même songer à conserver son petit état. Il fut donc réuni à la France, le 2 mars 1795[1] Dès ce jour, l'abbaye de saint Gondelbert cessa d'exister; vide de ses moines qui avaient émigré ou essayé de se cacher dans la contrée, elle attendit le jour de la grande spoliation, accomplie sur sa sœur de Moyenmoutier près de deux années plus tôt.

Ce fut vers le milieu de l'année 1795, que l'abbaye de Senones fut dépouillée de toutes ses richesses. « L'é-
» tat détaillé des matières d'or et d'argent provenant de la
» ci-devant abbaye de Senones et envoyées à l'hôtel de la
» Monnaie à Paris, en date du 1er août, ou 14 thermidor de
» l'an II de la République française, s'élève à la somme totale
» de 615 marcs 4 onces 4 gros[2]. »

1. Gravier, Histoire de Saint-Dié, p. 517.
2. Voici comment cet état se décompose :

		m	o	g
1. Trois calices argent doré, avec leurs patènes, pesant ensemble		14	2	
2. Un ciboire argent doré pesant		2	2	
3. La chàsse dite de saint Siméon en lames d'argent		65	4	4
4. Six chandeliers en argent		42	1	
5. Une croix en argent correspondant aux six chandeliers		17	6	
6. Une crosse en argent		12	1	
7. Deux bâtons de choristes, en argent		12	5	
8. Deux figures désignées, l'une sous le nom de la				

Voici en quels termes la châsse de saint Siméon y est mentionnée et décrite : « La châsse de saint Siméon dégarnie de ses
» ornements, qui étaient des boutons d'argent massifs, ayant
» été décomposée et détachée d'un coffrin en bois, recouvert
» par des lames d'argent ; et toutes les pièces rassemblées et
» pesées en quatre différentes fois, elles se sont trouvées être
» du poids de 65 marcs, 4 onces et 1¡2. » Ainsi, dans le
corps de cette châsse était un coffre de bois recouvert d'ornements fabriqués avec l'argent fourni par D. Joachim Vivin en
1684. L'argent seul fut enlevé, et le coffre de bois contenant
les saintes reliques fut laissé à Senones.

Quant au bras-reliquaire de saint Siméon, comme il se
trouve mentionné avec un reliquaire semblable de saint Christophe et deux statues, l'une de la Sainte Vierge et l'autre de
saint Joseph, l'état général ne nous permet pas d'en apprécier
la valeur ; mais il est facile d'y suppléer par un procès-verbal-
inventaire des mêmes objets, dressé à Senones, lors de leur
enlèvement ; ils y sont mentionnées de la manière suivante :
« Deux reliquaires surmontés de chacun une main, y compris

	m	o	g
Sainte Vierge, et l'autre de saint Joseph, ensemble deux reliquaires, en argent........................	42	2	
9. Le plat dit *lavabo*, en argent, et les deux burettes..	5	5	
10. L'encensoir en argent........................	5	2	
11. Les galous en or extraits des ornements rouge et violet............................	41	2	
12. Les galons en argent extraits des autres ornements..	4	6	
13. La chasuble dite de saint Augustin, drap d'or, la doublure et le bougrand ôtés....................	23		
14. L'ornement jonquille, la doublure et le bougrand ôtés.	25		
15. L'ornement en or et celui en argent avec ses rideaux........................	503	6	
Total des matières d'or et d'argent, 615 marcs 4 onces 4 gros........................	615	4	4

» tous les morceaux en découpures qui ornaient les pieds en
» en bois des deux images précédentes, sont du poids de 16
» marcs, 4 onces. » Ainsi dans le bras-reliquaire fait par Jean
de Borville, il y avait près de trois siècles, pesait environ sept
marcs d'argent, si on le suppose d'un poids égal au reliquaire de
saint Christophe, et si on estime à environ deux marcs les
ornements des piédestaux des statues ci-dessus désignées.

Les gardiens-nés des reliques de saint Siméon ne veillaient
plus à Senones pour les protéger et les recueillir ; mais, à leur
défaut, les sieurs Debain, ancien maire, Antoine Jacquot et
François Jacquot, conseillers municipaux, prirent les reliques de saint Siméon et le bras de saint Christophe, les
enveloppèrent de linges, mirent à part dans un mouchoir
le chef de saint Siméon, comme une relique plus insi-
gne, et déposèrent le tout, « pour éviter une profanation
» certaine, dans le chœur de l'église de l'abbaye de Senones,
» vis-à-vis la porte qui conduit au sépulcre, et à la tête du
» tombeau du prince Louis[1]. »

Voyant l'église abbatiale menacée de destruction, ces hono-
rables citoyens, jugeant que le temps était venu d'exhumer ces
reliques et de les rendre à la vénération publique, allèrent
inviter deux anciens religieux, qui alors étaient réfugiés à Senones, « à relever ensemble ce précieux dépôt. » Mais laissons
les deux bénédictins, D. Jean-Baptiste-Benoît Mathis et

1. Louis-Charles-Othon de Salm, second fils de Nicolas-Léopold de
Salm surnommé le Prince-père et décédé en 1770, succéda à son père
par droit d'aînesse, vu la mort de son frère Léopold ; il mourut le 8
juillet 1778 et fut inhumé dans l'église de l'abbaye ; il avait d'abord
embrassé l'état ecclésiastique. Il eut pour successeur Constantin de
Salm, fils de Maximilien de Salm, son frère cadet, lequel ne gouverna
que très-peu d'années, sous la tutelle de Guillaume de Salm, son oncle,
le plus jeune des fils de Nicolas-Léopold, et évêque de Tournay. (Gravier, Histoire de Saint-Dié, page 317.)

D. Remy Marchal[1] nous raconter eux-mêmes, dans leur procès-verbal du 17 juillet 1795, tous les détails de cette affaire :

« Ne pouvant rien faire sans une permission particulière,
» nous nous sommes transportés à Saint-Dié chez le grand-
» vicaire de Mgr l'évêque du diocèse et de celui de M. l'abbé
» de Senones[2], puisqu'il ne tenait ses pouvoirs que par son
» canal, et après en avoir conféré avec lui, il nous a autorisés
» à en faire la translation et à bénir la châsse où nous devions
» les déposer. En vertu de ces pouvoirs, nous nous sommes
» transportés à l'église de l'abbaye, pour assister, avec les
» bourgeois mentionnés plus haut, à la cérémonie de l'exhu-
» mation. Les témoins nous ayant assurés, avant que de par-

1. D. Henry Marchal, né à Celles vers l'an 1767, plut aux princes de Salm par sa bonne et intelligente figure, fut placé dans l'abbaye de Senones pour y faire ses études et y fit profession ; forcé bientôt de quitter l'abbaye, il résolut de se cacher dans les fermes de la vallée de Celles ; étant venu dans ce village, chez son frère, il y fut découvert et saisi le lendemain ; celui qui le découvrit et dénonça dans sa cachette fut presqu'aussitôt frappé de cécité. Les patriotes de Celles conduisirent leur prisonnier à Raon-l'Étape pour l'écrouer dans les prisons du district ; mais des habitants de Raon, prévenus de cette démarche, et indignés de la méchanceté des gens de Celles envers un de leurs enfants, allèrent à leur rencontre, assaillirent l'escorte à coups de pierre, et la contraignirent à rebrousser chemin. Le prêtre-bénédictin fut peu après conduit dans les prisons de Senones ; son frère lui ayant ouvert les portes de la prison avec une clef d'or, il se sauva en Allemagne ; il revint à Senones dès la mort de Robespierre. Après le concordat, il fut curé d'Allarmont, puis de Moyenmoutier, et enfin de Saint-Jean-du-Marché, où il est mort, en décembre 1839. Il était oncle de M. Marchal, curé de Tendon ; grand-oncle de MM. Joseph Marchal, curé d'Epinal, et Auguste Marchal, vicaire de Tendon. D. Remy Marchal avait conservé, de la bibliothèque de Moyenmoutier, de magnifiques ouvrages et plusieurs manuscrits très-précieux, lesquels sont en la possession de ses neveux.

2. D. Jean Lombard, mort à Saint-Jean-du-Mont, commune du Saulcy, près Senones, vers l'année 1825.

« venir à ce précieux dépôt, qu'ils l'avaient enveloppé de lin-
» ges, ce que nous avons reconnu, mais pourris par l'humidité,
» mais le mouchoir qui entourait le chef, quoique mouillé, ce-
» pendant sain et entier, et que nous avons reconnu être le
» même que celui qui l'enveloppait déjà. Nous avons reconnu
» aussi le bras de saint Christophe, avec les sceaux, qui était
» déposé dans la même châsse, depuis qu'on avait pris l'argen-
» terie des églises. Nous les avons déposés dans la chambre
» de Remy Marchal, pour les ressuier, et d'où nous les avons
» transportés aujourd'hui (17 juillet) à Saint-Maurice et mis
» dans une châsse de bois de chêne et de sapin, avec le res-
» pect et la vénération qui est due aux choses saintes. Nous
» avons célébré sa fête le même jour avec pompe, et afin que
» personne ne puisse y toucher, nous y avons mis le sceau
» qui est une crosse et une mitre. En foi de quoi nous avons
» signé les présentes. Que Dieu veuille bien nous aider[1] : »

Ainsi fut faite la reconnaissance des reliques de saint Siméon, avec tous les précautions et formalités désirables. Deux
prêtres, anciens religieux, y président ; ils sont dûment autorisés pour ce faire ; ils sont assistés de ceux-là même qui
ont caché les saintes reliques ; ils reçoivent à l'avance leurs
dépositions, ils en constatent la vérité par l'examen des faits ;
ils reconnaissent eux-mêmes l'étoffe qui, antérieurement déjà,
enveloppait le chef du saint pontife, et de même le bras de
saint Christophe ; ils ne quittent point ces reliques et les con-
servent sous leur garde jusqu'à ce qu'ils les aient déposées dans
une châsse faite de chêne et de sapin ; ils apposent sur cette
châsse un sceau abbatial, en font la translation solennelle dans
l'église paroissiale de Saint-Maurice, et enfin dressent du tout
un procès-verbal circonstancié. La chaîne de la tradition n'a
donc pas été rompue pour les reliques de saint Siméon, et

1. Archives de la fabrique de Senones.

leur authenticité est restée canonique et parfaitement régulière à travers toute l'époque de la Révolution.

La châsse nouvelle avait été fabriquée à la hâte, aussi n'offre-t-elle aucune des conditions requises pour être conservés. Afin de dissimuler sa pauvreté, les deux bénédictins la recouvrirent d'une étoffe de soie ; mais cette étoffe elle-même était sans valeur.

En l'année 1808, l'autorité diocésaine voulut s'assurer de l'état canonique de cette châsse ; M. l'abbé Georgel[1], provicaire-général de Mgr l'évêque de Nancy pour le département des Vosges, délégua, pour en faire la visite, Sébastien Moine, curé de la paroisse de Senones, et Jean-Baptiste Matsuque, curé de Saales ; le premier avait été religieux à Senones ; le second avait été professeur au grand séminaire de Saint-Dié.

1. Jean-François Georgel, né à Bruyères le 29 janvier 1731, entra chez les jésuites et, pendant 18 ans, professa avec succès les humanités et les mathématiques à Pont-à-Mousson, Dijon et Strasbourg. En 1762, à la dissolution de la compagnie de Jésus, le prince Louis de Rohan, coadjuteur du prince-évêque de Strasbourg, son oncle, l'attacha à sa personne, le fit grand-vicaire de l'évêché de Strasbourg et de la grande aumônerie de France, puis administrateur des Quinze-Vingts, prieur de Ségur, en Auvergne, et secrétaire du prince Louis, ambassadeur à Vienne, en 1772 ; il fut l'âme de cette ambassade, où le prince Louis s'attira l'adnimadversion de Marie-Thérèse et de Marie-Antoinette. Après avoir sauvé le prince-évêque dans l'affaire du collier, il en fut négligé, et une lettre de cachet l'exila à Bruyères. La Révolution vint l'arracher à la délicieuse retraite qu'il s'y était créée ; il alla s'établir à Fribourg, en Brisgau, et y commença la rédaction de ses Mémoires en 1794. En 1799, il accompagna à Saint-Pétersbourg la députation de l'ordre de Saint-Jean-de-Jérusalem. A la publication du Concordat, Portalis lui offrit un évêché, qu'il refusa pour accepter ensuite la charge de vicaire-général de Mgr d'Osmont pour le département des Vosges, et mourut à Bruyères, le 14 novembre 1813. Ses Mémoires, qui ont eu deux éditions, ont été altérés par l'éditeur, Mr Pseaume ; mais il en existe une copie manuscrite très-exacte entre les mains de M. l'abbé Thiébaut, directeur du collége de Rambervillers.

Leur procès-verbal est du 19 juillet 1808; ils y constatent que les reliques par eux visitées « étaient celles » que, de temps immémorial, ou conservait dans l'église de » l'abbaye de Senones et que l'on exposait à la vénération des » fidèles de Senones, qui les honoront, et les ont toujours » honorées d'un culte particulier. »

En conséquence de ce rapport, M. l'abbé Georgel permit « d'exposer ces saintes reliques à la vénération des fidèles, et » de les porter dans les processions publiques et en temps de » calamités. » Cette approbation « donnée à Bruyères, sous le sceau épiscopal et le seing du provicaire-général pour le département des Vosges, » est datée du 26 juillet 1808, et apposée à la suite du procès-verbal de visite[1].

Le 25 juillet 1820, la châsse de saint Siméon fut ouverte pour en extraire l'os du bras de saint Christophe, que l'on désirait exposer séparément à la piété des fidèles.

En 1828, l'église de Saint-Maurice-lès-Senones, trop éloignée, et de difficile accès pour le bourg de Senones, qui forme la partie la plus considérable de la paroisse, ayant été remplacée, pour les principaux offices paroissiaux, par une sorte d'église provisoire ménagée dans des dépendances de l'ancienne abbaye, près de la tour non démolie, la châsse de saint Siméon y fut transférée et n'a cessé d'y être conservée, quelquefois exposée à la vénération publique et ordinairement gardée sous clef, avec les vases sacrés et les ornements.

Elle resta fermée jusqu'en 1855; Mgr. Caverot, évêque de Saint-Dié, m'avait alors confié la révision des reliques de Moyenmoutier; il me chargea de réviser aussi celles de Senones. Le 21 octobre 1855, la châsse de saint Siméon ayant été transportée au presbytère de Senones, y fut ouverte en pré-

1. Archives de la fabrique de Senones.

sence de MM. François Colin, curé de la paroisse, Jean-Nicolas Vuillaume, Jean-François Mourot, curé de Chatas, Jules-Constantin de Crovisier, vicaire du Ban-de-Sapt, Marie-Florent Feys, vicaire de Moyenmoutier, et Auguste-Bernard Jacquot, docteur en médecine, né à Senones et y résidant. Ce dernier était appelé pour, en qualité de commissaire-adjoint, faire le procès-verbal-inventaire des ossements contenus dans la châsse de saint Siméon, constater leur état présent de conservation et toutes les inductions que la science de l'anatomie comparée peut fournir pour ou contre la vérité de ces reliques.

Dès l'ouverture de la châsse, je fus arrêté par une difficulté capitale que rien ne m'avait fait pressentir, et qui avait échappé aux commissaires-visiteurs de 1808, peut-être parce qu'ils n'avaient point l'expérience de ces sortes d'études. Les ossements étalés devant nous présentaient des caractères tellement différents, qu'il était impossible de les rattacher à un seul et même squelette, bien que l'histoire ne me révélât à Senones la présence d'aucun groupe de reliques autre que le corps de saint Siméon. Cependant le docteur médecin avait séparé tous les ossements en deux groupes parfaitement distincts, et me demandait lequel provenait du saint évêque de Metz, patron de l'abbaye fondée par saint Gondelbert.

J'avoue qu'intérieurement je me sentais incliné vers celui des deux qui, étant plus complet et mieux conservé que l'autre, me paraissait réunir plus de chances de vérité. D'ailleurs il était complété par un crâne qui faisait défaut dans l'autre groupe, et l'histoire m'assurait que le chef de saint Siméon avait été replacé dans la châsse et devait s'y retrouver encore. Mais il fallait une preuve positive, sans réplique, et c'est en vain que je la demandais, soit à l'histoire de l'abbaye de Senones, soit aux actes authentiques de cette châsse, lesquels, ne disant mot de l'origine des ossements composant le second groupe, ne pouvaient m'apprendre lequel était le vrai.

Enfin, j'annonçai au docteur-médecin et aux témoins ci-dessus désignés qu'une seconde vertèbre cervicale, dite *axis*, extraite de la châsse de saint Siméon depuis près de deux siècles, existait encore à Moyenmoutier, où elle avait été heureusement conservée avec les preuves de son origine ; que sa confrontation ultérieure avec les ossements étalés sous nos yeux pourrait seule, nous fournir la preuve qui nous faisait si complétement défaut.

Le 29 juin 1854, je me rendis à Senones, avec les reliques de Moyenmoutier , et ayant brisé les sceaux par moi apposés sur la châsse de 1795, j'invitai **M.** le docteur Jacquot à procéder à la confrontation qui devait enfin résoudre tous nos doutes. Notre espérance ne fut point déçue ; car la seconde vertèbre cervicale, s'appliquant parfaitement, soit quant à ses contours, soit quant aux surfaces articulaires, à l'atlas ou première vertèbre cervicale du groupe qui m'avait paru être le vrai, se trouva convenir de tous points au groupe tout entier, ayant, avec les ossements qui le composent, tous les rapports désirables de conservation , d'ossification et de proportions, tandis qu'elle se trouva en discordance parfaite avec les ossements de l'autre groupe, dont l'*axis* présentait un développement plus considérable d'un tiers.

Cette épreuve était décisive. Le groupe, déjà préjugé le vrai corps de saint Siméon, parce qu'il est le mieux conservé, le plus complet, parce qu'il possède un chef qui manque à l'autre groupe, se trouva nettement déterminé par ses rapports identiques avec la vertèbre qui en fut séparée le 21 avril 1856. Ce résultat favorable est une preuve de plus du secours qu'il est permis d'attendre de l'anatomie comparée dans la révision des saintes reliques. C'est aussi la preuve de la nécessité de faire ces études, non partiellement, mais avec ensemble, si on veut être en mesure, soit d'apercevoir les difficultés qui s'y rencontrent presqu'à chaque pas, soit surtout de découvrir les moyens que Dieu nous a presque toujours ménagés pour discerner la vérité de l'erreur.

Je n'ai pu découvrir nulle part d'où viennent les ossements composant le second groupe, à quelle époque et dans quelles circonstances ils ont été ajoutés à ceux du saint pontife. On ignore où est décédé saint Gondelbert, le fondateur de l'abbaye de Senones, laquelle confesse n'avoir jamais possédé de ses reliques, et, outre le corps de saint Siméon, ne s'est jamais glorifiée que d'ossements isolés, tels que le bras de saint Christophe et un os de saint Maurice, qui existent encore.

Il est donc probable que les ossements composant le second groupe sont d'origine commune et se sont trouvés mélangés à ceux de la châsse dans la précipitation d'une détresse extrême, lorsqu'en 1793, par exemple, on fut réduit, pour les sauver d'une profanation certaine, à les enfouir dans la terre, près d'un tombeau. Leur détérioration plus grande, leur décoloration, les traces de maculation de terre et de chaux qui se remarquent à leurs surfaces, mais plus spécialement dans les anfractuosités, ne sont-elles pas des preuves à peu-près certaines de la vérité de cette conjecture ?

Qui pourrait prétendre que les vrais ossements de saint Siméon ont pu devenir incertains ? Qui l'oserait, après avoir suivi l'histoire de leur translation, celle de l'oratoire où ils furent déposés tout d'abord, celle des châsses et reliquaires où ils ont été enfermés, et enfin celle des événements divers qui les concernent ? Aussi, quelque incomplet que soit cet essai historique, on y trouvera, nous l'espérons, la preuve irrécusable de la vérité des reliques du saint pontife. C'est, en effet, le témoignage unanime de onze siècles accumulés.